Richtig genießen mit Kneipp

Impressum

Herausgeber:
Druckerei und Verlag Hans Högel KG
in Zusammenarbeit mit dem
Kur- und Tourismusbetrieb Bad Wörishofen

Idee:
Arbeitsgruppe „Richtig.Genießen"

Koordination:
Cathrin Herd, Kur -und Tourismusbetrieb
Johannes Högel

Bilder:
Yves Hebinger (Foodfotografie)

Gestaltung:
Alicia Leinsle, Hans Högel KG

Herstellung:
Druckerei und Verlag Hans Högel KG

ISBN: 978-3-947423-07 -1

Vorwort

Auch das zweite Kochbuch aus den Reihen der Bad Wörishofener Köche steht ganz im Zeichen des berühmten Pfarrers Sebastian Kneipp.

In Anlehnung an seine Philosophie vereinen die Köche hier die drei Elemente gesunde Ernährung, Kräuter und Ordnung indem sie zeigen, wie saisonale Produkte durch jeden Kochbegeisterten zu köstlichen Gerichten verarbeitet werden können.

In diesem Winter-Kochbuch, eine Gemeinschaftsaktion der Arbeitsgruppe „Richtig.Genießen", haben sich engagierte Köche aus Bad Wörishofen zusammengeschlossen, um entsprechend der Lehre Kneipps durch die Verwendung saisonaler Produkte schmackhafte Gerichte zu kreieren.

Bei der Verarbeitung frischer, wintertypischer Zutaten zeigt dieser Band, dass die Winterküche nicht nur aus Eintöpfen bestehen muss. Vielmehr laden die Rezepte zum Nachkochen und Genießen der raffinierten Speisen bzw. Menüs ein, die gerade im Winter die notwendige Ladung an Vitaminen liefern. Dabei sind die meisten Gerichte schnell und einfach und ohne großen Aufwand gekocht.

Viel Genuss
und beste Gesundheit

aus Bad Wörishofen
– wo Kneipp zu Hause ist.

Inhaltsverzeichnis

Die angegebenen Zeiten enthalten nur die Zubereitungszeit.

Vorspeisen

Hauptgerichte

Nachspeisen

Vorspeisen

Petersilienwurzel-Crèmesuppe

mit Ingwersahne

Ein Rezept von Bernhard Auer, Kneipp-Kurhotel Marienbad

45 Minuten

Schwierigkeitsgrad

500 g	Petersilienwurzeln
2	kleine Kartoffeln
500 ml	Gemüsebrühe
100 g	Butter
etwas	Salz
	Pfeffer
	Muskat
200 ml	Sahne
300 ml	Milch

Ingwersahne

250 ml	Sahne
1 TL	Ingwerpulver

Die Petersilienwurzeln in dünne Scheiben schneiden.

Anschließend die Kartoffeln würfeln. Die Petersilienwurzeln und Kartoffeln in Butter anschwitzen, dann mit der Gemüsebrühe ablöschen. Etwa 15 Minuten köcheln lassen, bis das Gemüse gar ist. Mit Salz, Pfeffer und Muskat abschmecken. Alles fein pürieren, dann Milch und Sahne zugeben.

Sahne mit Ingwerpulver steifschlagen und beim Servieren auf die Suppe geben.

Ich hatte das Glück, von Eltern abzustammen, bei denen Hafer und Gerste noch in gebührenden Ehren standen - und verdanke meiner Jugendernährung den größten Teil meiner jetzigen Ausdauer und Kraft.

Pfarrer Sebastian Kneipp

Feldsalat mit Kartoffeldressing, Wacholderschinken und Croûtons

Ein Rezept von Franz-Peter Schmid, Kurhotel Roswitha

30 Minuten

Schwierigkeitsgrad

500 g	Feldsalat
2	Kartoffeln
3	Schalotten
2	Orangen
6 EL	Öl
500 ml	Gemüsebrühe
6 EL	Weißweinessig
1 EL	Senf
50 g	Wacholderschinken
1	Semmel

Den Feldsalat waschen, die Wurzeln abschneiden und im Sieb abgetropft beiseite stellen. Kartoffeln waschen, in Salzwasser weichkochen und heiß schälen.

Dann die Schalotten waschen, schälen und klein schneiden. In 2 EL Öl glasig anschwitzen und mit Gemüsebrühe fünf Minuten köcheln lassen. Alle Zutaten mixen und mit Salz und Pfeffer abschmecken.

Eine Semmel in Würfel schneiden und in einer Pfanne mit 4 EL Öl goldbraun rösten. Etwas salzen und auf einem Küchenkrepp auskühlen lassen. Dann den Wacholderschinken dünn aufschneiden.

Chefkoch Franz-Peter Schmid, Kurhotel Roswitha

Crèmesuppe vom Sellerie

mit gebackenem Gemüse

Ein Rezept von Martin Plaumann, Hotel Sonnengarten

50 Minuten

Schwierigkeitsgrad

Suppe

1	Knollensellerie groß
80 g	Zwiebelwürfel
50 g	Butter
150 ml	Weißwein
1 l	Gemüsefond
400 ml	Sahne
etwas	Salz, Pfeffer, Muskat, Zitronensaft

etwas Stärke zum Abbinden

Gemüse

2	Karotten
100 g	Prinzessbohnen
1	Stangensellerie
½	Blumenkohl

Tempurateig

125 g	Mehl
125 g	Stärke
2	Eigelb
1 EL	Sojasoße
250 ml	Eiswasser

Fett zum Frittieren

Den Sellerie schälen und in kleine Würfel schneiden. Die Butter in einem Topf erhitzen und darin den Sellerie sowie die Zwiebelwürfel farblos anschwitzen. Mit Weißwein ablöschen und kurz einkochen lassen.

Anschließend mit dem Gemüsefond sowie der Sahne aufgießen.

Mit Salz, Pfeffer und Muskat würzen und 30 Minuten leicht köcheln lassen. Die Suppe pürieren und nach Belieben mit Stärke abbinden. Zudem eventuell mit dem Zitronensaft verfeinern.

Das Gemüse in Stifte, den Blumenkohl in kleine Röschen schneiden.

Für den Teig alle Zutaten glatt verrühren. Das Gemüse durch den Teig ziehen und in heißem Fett goldgelb backen. Zusammen mit der Suppe anrichten.

Chefkoch Martin Plaumann,
Hotel Sonnengarten

Maronisuppe
mit Schinkenchips

Ein Rezept von Marcus Müller, Kneippkurhaus St. Josef

45 Minuten

Schwierigkeitsgrad

Maronisuppe

80 g	Kartoffeln (mehlig kochend)
300 g	Maroni gekocht
1-2	Schalotten
30 g	Butter
100 ml	Weißwein
700 ml	Brühe
100 ml	Sahne

Schinkenchips

4 Scheib.	Schwarzwälder Schinken
etwas	Rapsöl

Kartoffeln schälen und in ca. 1 cm große Würfel schneiden. Schalotten schälen und in feine Würfel schneiden.

Butter in einem Suppentopf erwärmen, Schalottenwürfel mit 2 Prisen Zucker darin anschwitzen, mit dem Weißwein ablöschen und die Flüssigkeit leicht reduzieren lassen.

Die grob zerkleinerten Maroni, Kartoffelwürfel und Brühe dazugeben, ca. 20-30 Minuten köcheln lassen. Sahne dazugeben und weitere fünf Minuten köcheln lassen.

Mit einem Stabmixer fein pürieren und mit Salz, Pfeffer, Muskat, etwas Zimt, Nelke je nach Geschmack verfeinern.

Pfanne auf mittlerer Hitze erwärmen, ein paar Tropfen Öl hinzufügen, Schinken einlegen und unter mehrfachem Wenden kross ausbraten. Auf Küchenpapier legen und auf die Seite stellen.

Tipp
von Chefkoch
Marcus Müller

Vegetarische Version: Statt Rinderbrühe eine kräftige Gemüsebrühe verwenden!

Auch etwas Trüffelöl oder Trüffelbutter passt geschmacklich sehr gut.

Schwäbische Brotsuppe

Ein Rezept von Karl Cebulj, Kneipp-Vital-Hotel Cebulj

35 Minuten

Schwierigkeitsgrad

8-10	Scheiben altes, trockenes, dunkles Sauerteigbrot
1	Kartoffel
40 g	Butter
1	kleine Zwiebel
1 TL	Kümmel
1,5 l	Fleischbrühe
etwas	Majoran
	Pfeffer
	Sauerrahm
	Schnittlauch

Brotcroûtons

1	Scheibe Schwarzbrot
etwas	Butter

Das Brot und die Kartoffel würfeln. Anschließend die Zwiebel in kleine Würfel schneiden. Die Zwiebelwürfel mit dem Brot und der Kartoffel mit etwas Kümmel in Butter gut anbraten.

Dann alles mit der Brühe aufgießen und 15-20 Minuten köcheln lassen.

Alles im Mixer fein pürieren und mit Majoran und Pfeffer abschmecken.

Dazu Sauerrahm und frischen Schnittlauch reichen.

Für die Brotcroutons die Schwarzbrotscheibe in Streifen schneiden und in Butter kross braten. Noch heiß auf die Suppe geben.

Was ich von den Getränken halte, habe ich schon oft gesagt: Das Wasser ist mir zu nass, das Bier zu schlecht, der Wein zu kostspielig.

Pfarrer Sebastian Kneipp

Wachtelbrust auf Rotkrautsalat, mit Orange, Preiselbeeren und Chicorée

Ein Rezept von Tobias Küblbeck, La Stazione

40 Minuten

Schwierigkeitsgrad

8	Wachtelbrüste
1	Rotkohl klein
1	Chicorée
	Salatspitzen
2	Orangen
1 TL	Preiselbeeren
etwas	Salz, Pfeffer, Essig, Öl

dunkle Bratensauce oder Balsamico Crème

Zu Beginn vom Rotkohl die äußeren Blätter entfernen, halbieren und den Strunk entfernen.

Mit der Aufschnittmaschine oder einem Küchenhobel in feine Streifen schneiden.

Die Rotkohlstreifen in eine Schüssel geben. Den Rotkohl mit den Preiselbeeren, dem Essig, Öl, Salz und Pfeffer marinieren und leicht durchkneten. Anschließend abschmecken.

Die Salatspitzen und den Chicorée putzen, waschen und bis zum Anrichten beiseite stellen. Die Orangen schälen und filetieren. Die Filets zum Ausgarnieren beiseite stellen.

Die geputzten Wachtelbrüste mit Salz und Pfeffer würzen und in einer Pfanne mit Öl bei mittlerer Hitze leicht anbraten.

Den Rotkohlsalat nochmals abschmecken, und auf Tellern anrichten. Mit den Salatspitzen, Orangenfilets und Chicorée garnieren.

Die Wachtelbrüste aufsetzen und mit dunkler Bratensauce/Jus oder Balsamico Crème vollenden und servieren.

Tipp

von Chefkoch Tobias Küblbeck

Außer den Wachteln schmecken auch Enten- und Taubenbrust oder Reh- und Wildschweinfilet.

Rote Bete-Süppchen

mit geräuchterter Forelle und Meerrettich

Ein Rezept von Marco Angelini, Hotel Förch

40 Minuten   Schwierigkeitsgrad

4	Schalotten
400 g	rote Bete gegart
150 g	Kartoffeln
1 dl	Noilly Prat (trockener Wermut)
25 g	Butter
200 ml	rote Bete Saft
700 ml	Gemüsebrühe
etwas	Salz, Pfeffer
1 Prs.	Kümmel gem.
1 EL	Johannisbeergelee
etwas	Zitronensaft
100 ml	Crème fraîche
2 TL	Meerrettich frisch gerieben
2	geräucherte Forellenfilets

Die Schalotten schälen und fein würfeln. Rote Bete und geschälte Kartoffeln auch grob würfeln. Vier Esslöffel von den rote Bete Würfeln beiseite stellen. Die Butter in einem Topf erhitzen. Die Schalotten, restliche rote Bete und Kartoffeln darin bei mittlerer Hitze fünf Minuten andünsten.

Mit dem Noilly Prat ablöschen, anschließend mit rotem Bete Saft und Gemüsebrühe auffüllen und ca. 20 Minuten köcheln lassen.

In einem Mixer fein pürieren und durch ein Sieb geben.

Mit Salz, Pfeffer, gemahlenem Kümmel, Johanissbeergelee und einem Spritzer Zitronensaft abschmecken.
In der Zwischenzeit die geräucherten Forellenfilets im Backofen bei 50 °C etwas erwärmen, dann schräg halbieren.

Die Crème fraîchè glatt rühren und mit etwas Salz abschmecken, in eine kleine Spritzflasche füllen.

Anrichten
Jeweils 1 EL von den rote Bete Würfeln in die Mitte des Tellers setzen, ein halbes geräuchertes Forellenfilet daraufsetzen und mit dem geriebenen Meerrettich garnieren. Dann die heiße Suppe angießen. Die Crème fraîchè dekorativ dazu anrichten.

Ziegenfrischkäsemousse

mit frischen Kräutern auf gelber Bete und Mangodip

Ein Rezept von Norbert Wehnert, Parkhotel Residence

60 Minuten

Schwierigkeitsgrad

2 Blätter	weiße Gelatine
80 ml	Milch
200 g	Ziegenfrischkäse
etwas	Salz, Pfeffer
0,5 EL	Zitronensaft
100 ml	Schlagsahne
etwas	Schnittlauch
	Basilikum
	Petersilie
	Thymian
200 g	gelbe Bete
1	reife Mango
etwas	Salz, Pfeffer, Tabasco
1 EL	Grand Manier
1 EL	Rum

Zum Garnieren

Schnittlauch
Kirschtomaten
Basilikumblätter
Balsamico-Glace

Zu Beginn die Gelatine für die Mousse kalt einweichen. Basilikum, Schnittlauch, Petersilie und Thymian abzupfen, grob schneiden und mit der Milch und dem Ziegenfrischkäse glatt rühren. Gelatine tropfnass in einem kleinen Topf bei schwacher Hitze unter Rühren auflösen und zügig unter die Käsemasse rühren. Mit Salz, Pfeffer und Zitronensaft würzen.

Jetzt die Sahne steif schlagen und unter die Ziegenfrischkäsemasse heben. Dann für ca. drei Stunden in den Kühlschrank stellen.

In der Zwischenzeit die gelbe Bete schälen und etwa 30 Minuten kochen, bis sie weich ist. Die gelbe Bete aus dem Topf nehmen und in einer Schüssel mit kaltem Wasser abschrecken. Anschließend in dünne Scheiben schneiden. Die Mango schälen und vom Kern lösen. Das Mangofleisch, Olivenöl, Salz, Pfeffer, Tabasco, Grand Manier und Rum in ein hohes schmales Gefäß geben und mit einem Pürierstab solange pürieren, bis die Masse eine cremige Konsistenz hat. Wenn das Mousse fest ist, in einen Spritzbeutel mit Sterntülle füllen.

Die dünnen Scheiben der gelben Bete fächerförmig auf den Teller legen und mit dem Spritzbeutel die Ziegenfrischkäsemasse aufspritzen, dann mit dem Mangodip und der Kirschtomate, Basilikumblättern, Schnittlauch und Balsamico-Glace ausgarnieren.

Curcuma-Pfannkuchen

mit süß-scharfem Gemüse

Ein Rezept von Dirk Kirschner, Kneipp- & Gesundheitsresort Kneippianum****

40 Minuten

Schwierigkeitsgrad

Curcuma-Pfannkuchen

100 g	Weizenmehl
160 ml	Milch
4	Eier
15 g	Butterschmalz
etwas	Curcuma gem.
	Koriander gem.
	Ursalz pur fein, jodiert

süß-scharfes Gemüse

40 g	Karotten
60 g	rote Paprika
60 g	gelbe Paprika
40 g	Weißkohl
40 g	Zucchini
40 g	Sojasprossen
6 g	Sesam schwarz
6 g	Sesam geschält
	Sesam-Öl kaltgepresst
etwas	Pfeffer, Cayennepfeffer, Chilli gem.

Garnitur

40 g	Shiitake-Pilze
etwas	Zitronenthymian

Aus den Zutaten einen klassischen Pfannkuchenteig zubereiten.

Dünne Pfannkuchen ausbacken und in breite Streifen schneiden.

Das Gemüse schälen und in Streifen schneiden. Danach das geschnittene Gemüse mit den Shiitake-Pilzen in Sesam-Öl anschwitzen. Anschließend die Sojasprossen und Sesam zugeben und kräftig mit Pfeffer, Cayennepfeffer und Chilli würzen. Mit Erdnuss-Öl verfeinern.

Das angeschwitzte Gemüse auf die Pfannkuchen drapieren und aufrollen, dann die Rolle in 3 gleich große Stücke schneiden und mit Zitronenthymian ausgarnieren.

Chefkoch Dirk Kirschner, Kneipp- & Gesundheitsresort Kneippianum****

Karotten-Apfelsuppe

Ein Rezept von Frank Koch, Kneipp- & Wellvitalhotel Edelweiss

50 Minuten

Schwierigkeitsgrad

140 g	Zwiebeln
200 g	säuerliche Äpfel
270 g	Karotten
100 g	Kartoffeln
2 EL	Honig
2 EL	weißer Essig
1 dl	Weißwein
70 g	Butter
1,5 l	Wasser
	Öl zum Anschwitzen
etwas	Kürbiskerne angeröstet
	Kürbiskernöl zum Garnieren

Die Zwiebeln in Öl anschwitzen. Danach die klein geschnittenen Karotten, Kartoffeln und die Äpfel hinzugeben und diese bei geringer Hitze ebenfalls farblos anschwitzen.

Leicht salzen und mit dem Honig leicht karamellisieren. Mit dem Essig und Weißwein ablöschen und das Wasser aufgießen, einkochen lassen bis circa 1 l Flüssigkeit übrig ist.

Mit Salz, Zitronensaft und evtl. Chili würzen, Butter beigeben und im Mixer mixen. Durch ein Sieb in einen kleinen Topf passieren, nochmal abschmecken und mit Kürbiskernöl und Kürbiskernen anrichten.

Chefkoch Frank Koch,
Kneipp- & Wellvitalhotel Edelweiss

Rote-Linsen-Salat

mit Rote Bete, vegetarisch

Ein Rezept von Dirk Kirschner, Kneipp- & Gesundheitsresort Sebastianeum****

40 Minuten

Schwierigkeitsgrad

200 g	rote Linsen
4	Frühlingszwiebeln
1	Bund Petersilie
400 g	rote Bete, gekocht
350 ml	Gemüsebrühe
2 TL	Senf
2 EL	Apfelessig
8 EL	Olivenöl
1 TL	Curry
1 TL	Kreuzkümmel
2 EL	Honig
etwas	Salz, Pfeffer

2 EL Öl im Topf erhitzen und die Linsen darin mit Kreuzkümmel und Curry etwas andünsten.

Danach mit Gemüsebrühe ablöschen und circa 8 bis 10 min köcheln lassen. Die Linsen in ein Sieb gießen, abtropfen lassen und in eine Schüssel geben.

Die Rote Bete in ein Sieb geben, abtropfen lassen und in kleine Stücke schneiden. Dann zu den Linsen geben. Danach die Frühlingszwiebeln waschen, putzen und in Ringe schneiden. Anschließend die Petersilie waschen, Blätter abzupfen und grob hacken.

Für das Dressing Senf, Honig, Apfelessig, Salz und Pfeffer mischen. Zum Schluss 6 EL Öl nach und nach zugeben.

Die Linsen mit Rote Bete und den Frühlingszwiebelringen vermengen. Das Dressing und die gehackte Petersilie unterheben und mit Salz und Pfeffer abschmecken.

Tipp
von Chefkoch
Dirk Kirschner

Rote Linsen sind hierfür bestens geeignet, da sie eine kurze Garzeit haben und nicht über Nacht eingeweicht werden müssen.

Hauptgerichte

Weizenküchle

mit Karotten und Sellerie

Ein Rezept von Bernhard Auer, Kneipp-Kurhotel Marienbad

60 Minuten

Schwierigkeitsgrad

200 g	Weizen, grob geschrotet
500 ml	Gemüsebrühe
1	große Zwiebel
100 g	Karotten
100 g	Sellerie
2	Eier
1 Msp.	Senf

kleingehackte Petersilie und Schnittlauch

Kräutersalz, Majoran und Pfeffer nach Geschmack

evtl. Semmelbrösel

Butterschmalz oder Sonnenblumenöl zum Ausbacken

Zuerst den Weizenschrot mit Wasser bedecken und mindestens eine Stunde quellen lassen. Anschließend mit der Gemüsebrühe weich kochen.

Die Zwiebel in feine Würfel schneiden, Karotten und Sellerie raspeln.

Alles in Butter anschwitzen und mit etwas Wasser leicht andünsten. Die Gemüsemasse unter den gekochten Weizenschrot mischen. Die Eier trennen und das Eigelb unter die Masse mischen.

Anschließend die Eiweiße steifschlagen und ebenfalls unterheben. Mit Senf, den Kräutern und Gewürzen abschmecken.

Wenn die Masse nicht fest ist – sie sollte eine breiähnliche Konsistenz haben – noch ein paar Semmelbrösel dazugeben.

Aus der Masse Küchle formen, in die gefettete Pfanne geben und bei mittlerer Hitze ausbraten.

Dazu schmecken Nudeln und eine frische Tomatensauce.

Gebratene Entenbrust

mit Steckrübenpüree

Ein Rezept von Franz-Peter Schmid, Kurhotel Roswitha

60 Minuten

Schwierigkeitsgrad

4	Entenbrüste (je ca. 160 g)
800 g	Kartoffeln mehlig kochend
800 g	Steckrüben
800 g	Milch
120 g	Butter
etwas	Salz, Pfeffer, Muskatnuss, Thymian
1	Knoblauchzehe

Zuerst die Kartoffeln und die Steckrüben waschen, schälen, würfeln und in Salzwasser weichkochen.

In der Zwischenzeit die Haut der Entenbrüste einschneiden und anbraten. Die Ente mit der Hautseite in eine kalte Pfanne legen und langsam anbraten lassen, bis das Fett austritt und die Haut knusprig wird. Mit Salz und Pfeffer würzen, eine Knoblauchzehe und etwas Thymian dazugeben, wenden und im Ofen bei 130 °C rosa braten.

Die Milch mit der Butter erhitzen. Die Kartoffeln und Steckrüben abschütten, durch eine Kartoffelpresse in eine Schüssel drücken. Die heiße Milch dazugeben und abschmecken.

Ich glaube, dass ich kein Heilmittel anführen kann, das sicherer heilt als das Wasser.

Pfarrer Sebastian Kneipp

Gebratenes Filet

vom Winterkabeljau auf rosa Linsen mit glacierten Möhren und Meerrettichschaum

Ein Rezept von Martin Plaumann, Hotel Sonnengarten

60 Minuten

Schwierigkeitsgrad

Fisch

800 g	Kabeljaufilet
etwas	Salz, Pfeffer, Öl, Butter

Möhren

12	Fingermöhren
30 g	Butter
50 ml	Mineralwasser
etwas	Salz, Pfeffer, Zucker

Linsen

200 g	Rosa Linsen
2	Schalotten
200 ml	Gemüsefond
etwas	Olivenöl, Balsamico
etwas	Petersilie

Meerrettichschaum

60 g	Meerrettich frisch
1	Schalotte
20 g	Butter
100 ml	Weißwein
200 ml	Sahne
60 g	kalte Butter
etwas	Salz, Pfeffer

Die Linsen unter fließendem Wasser kurz waschen. Das Olivenöl in einem Topf erhitzen und die gewürfelten Schalotten anschwitzen.

Anschließend die Linsen dazugeben, kurz dünsten sowie den Gemüsefond zugießen. Das Ganze bei kleiner Hitze garen, danach abgießen.

Einen Esslöffel Butter in einer Pfanne erhitzen, die Linsen dazugeben, mit Salz und Pfeffer, Balsamico und der Petersilie abschmecken.

Die Möhren unter fließendem Wasser säubern und das Grün der Möhren etwas kürzen. Die Butter in einer Pfanne erhitzen, den Zucker dazugeben und leicht karamellisieren lassen. Die Möhren dazugeben und mit Wasser ablöschen. Kurz garen lassen, bis die Flüssigkeit verkocht ist. Anschließend mit Salz und Pfeffer abschmecken.

Für den Schaum den Meerrettich schälen und klein schneiden. Die Schalotte ebenfalls schälen und würfeln. In einem kleinen Topf mit der Butter und dem Meerrettich anschwitzen, mit Weißwein ablöschen und auf die Hälfte einkochen lassen.

Die kalte Butter dazugeben, alles in einem Mixer pürieren und durch ein Sieb streichen. Mit Salz und Pfeffer würzen.

Das Kabeljaufilet in Portionen schneiden und mit Salz und Pfeffer würzen. Öl in einer Pfanne erhitzen und die Filets auf beiden Seiten bei mittlerer Hitze einige Minuten braten. Am Schluss die Butter dazu geben und die Filets damit mehrmals übergießen.

Zum Servieren die Linsen und die Möhren auf vorgewärmte Teller anrichten, dann den Kabeljau daraufsetzen und mit der Sauce vollenden.

Tipp

von Chefkoch Martin Plaumann

Auf jeden Fall frisches Kabeljaufilet verwenden.

Kalbfleischröllchen mit Bubenspitzle und Rote Bete, dazu Schalotten-Jus

Ein Rezept von Marcus Müller, Kneippkurhaus St. Josef

45 Minuten

Schwierigkeitsgrad

Kalbsfleischröllchen
8 Scheiben Kalbsrücken
8 Scheiben Parmaschinken
1 Zucchini
1 Karotte
etwas Salz, Pfeffer, Rapsöl, Olivenöl extra Vergine

Rote Beete
2 Knollen Rote Bete
2 EL Butter
1 EL Petersilie gehackt
etwas Salz, Pfeffer, Kümmel gemahlen

Bubenspitzle
200 g Kartoffeln gekocht vom Vortag
100 g Mehl
50 g Stärke
20 g Grieß
2 Eigelb
etwas Salz, Pfeffer, Muskat gemahlen, Butterschmalz

Kalbsrücken plattieren und mit Parmaschinken belegen. Zucchini und Karotte in Stifte (ca. 4 cm) schneiden und in einer Pfanne mit Olivenöl andünsten. Das angedünstete Gemüse auf den Parmaschinken legen. Kalbsrücken einrollen, fixieren (mit Schnur oder Nadel) und in einer Pfanne mit heißem Rapsöl von allen Seiten anbraten, mit Salz und Pfeffer würzen. Im vorgeheizten Ofen bei 140 – 150 °C für ca. zehn Minuten ziehen lassen.

Rote Bete Knollen in feine Spalten schneiden (ca. vier mm dick). Etwas Butter in eine Pfanne geben und schmelzen lassen, Rote Bete darin schwenken und mit Salz, Pfeffer und Kümmel nach Belieben abschmecken. Zum Schluss mit frischer Petersilie verfeinern.

Die Kartoffeln gekocht durch eine Kartoffelpresse in eine Schüssel drücken (diese Arbeit kann bereits am Vortag erledigt werden – Stärke setzt sich ab). Kartoffelmasse mit Mehl, Stärke, Grieß und Eigelb vermengen und zu einem homogenen Teig kneten, mit Salz, Pfeffer und gemahlenem Muskat würzen.

Kartoffelmasse zu Fingernudeln abdrehen (ca. 4 cm lang, in der Mitte dicker und an den Enden dünner). Fingernudeln im kochendem Salzwasser garkochen und kalt abschrecken. Bubenspitzle in einer heißen Pfan-

Schalottenjus

3	Schalotten
20 g	Butter
60 ml	Portwein
1 EL	Honig
200 ml	reduzierter Bratensaft
etwas	Thymian gezupft

ne mit Butterschmalz gold-gelb anbraten. Schalotte schälen und in feine Würfel schneiden. Zehn g Butter in einem kleinen Topf schmelzen und Schalotten glasig anschwitzen. Honig zugeben und karamellisieren lassen, mit Portwein ablöschen, leicht reduzieren lassen und mit dem Bratensaft auffüllen. Die zehn g kalte Butter mit dem Schneebesen in die Sauce einrühren, aufmontieren (soll der Sauce Glanz und Bindung verleihen) und mit gezupftem Thymian aromatisieren.

Tipp
von Chefkoch
Marcus Müller

Für die Bubenspitzle immer eine sehr mehlige Kartoffelsorte verwenden!

Gemüseeintopf
mit Wiener

Ein Rezept von Karl Cebulj, Kneipp-Vital-Hotel Cebulj

45 Minuten

Schwierigkeitsgrad

750 g	Kartoffeln
1	Zwiebel
200 g	Karotten
200 g	Kohlrabi
200 g	Blumenkohl
200 g	Broccoli
1	Lauchstange
1	Lauchzwiebel
6	Wiener
1 l	Gemüsebrühe

Die Zwiebel schälen, klein würfeln und in wenig Fett kurz glasig andünsten.

Die Kartoffeln, Karotten und Kohlrabi in Würfel schneiden und zu den Zwiebeln geben. Mit der Gemüsebrühe auffüllen und bei niedriger Temperatur 15 Minuten sieden lassen.

Den Blumenkohl und Broccoli in Röschen verarbeiten und zugeben. Anschließend den Lauch in Ringe schneiden und ebenfalls in den Topf geben. Dann kochen lassen bis das Gemüse bissfest ist.

Mit Salz, Pfeffer und dem frisch gemahlenen-Muskat abschmecken.

Die Wienerle halbieren und ab der Mitte zweimal längs einschneiden. In heißem Salzwasser kurz erwärmen. Die warmen Würstchen auf den Eintopf geben. Zum Schluss den Eintopf mit den Lauchzwiebeln garnieren.

Guten Appetit!

Anna und Karl Cebulj,
Inhaber Kneipp-Vital Hotel Cebulj

Zanderfilet

auf Rahmsauerkraut mit Rosmarin-Speck-Kartoffeln

Ein Rezept von Tobias Küblbeck, La Stazione

60 Minuten

Schwierigkeitsgrad

1	mittl. Dose Weinsauerkraut
1	Zwiebel klein
1 EL	Öl
1 TL	Zucker
250 ml	Gemüsebrühe
1	Becher Sahne
0,5 TL	mildes Curry
800 g	Zanderfilet
20	kleine Kartoffeln
20	dünne Scheiben Speck
etwas	Rosmarinspitzen, Salz, Pfeffer, Öl, Mehl, Butter

Das Zanderfilet in gleich große Portionen teilen und in den Kühlschrank stellen.

Die Kartoffeln kochen, am besten bereits am Vortag. Die Kartoffeln schälen, auf die Speckscheiben setzen, mit zwei bis drei Rosmarinnadeln eindrehen und mit einem Zahnstocher befestigen.

Die Speck-Kartoffeln in einer Pfanne mit etwas Öl bei mittlerer Hitze rundum anbraten, so dass der Speck knusprig wird. Mit Salz und Pfeffer abschmecken.

Die Zanderfilets von allen Seiten mit Salz und Pfeffer würzen. Die Hautseite wird leicht mit Mehl bestäubt (das verhindert das Ankleben in der Pfanne). Die Filets in Öl von der Hautseite bei mittlerer Temperatur anbraten, so dass die Haut knusprig wird.

Kurz bevor das Fischfilet fertig gebraten ist wenden und von der anderen Seite fertig braten. Auf Tellern anrichten.

Chefkoch Tobias Küblbeck, La Stazione

Hirschrücken

aus dem Ofen mit Rotwein-Schokoladensauce

Ein Rezept von Marco Angelini, Hotel Förch

120 Minuten

Schwierigkeitsgrad

Hirschrücken & Sauce

800 g	Hirschrücken
3 EL	Öl
1 EL	Butter
300 ml	Wildfond
200 ml	Rotwein trocken
2 EL	Tomatenmark
50 g	Bauchspeckwürfel
1	Karotte
1	Zwiebel
2 Stg.	Bleichsellerie
2	Nelken
5	Wacholderbeeren
4	Lorbeerblätter
1	Zweig Rosmarin
1	Zweig Thymian
2	Knoblauchzehen
10	Pfefferkörner
50 g	Zartbitterkuvertüre
50 g	kalte Butter
etwas	Maisstärke, Salz, Pfeffer

Rosenkohl

350 g	Rosenkohl
2	Schalotten gew.
30 g	Butter
etwas	Salz, Pfeffer, Muskat, Zucker

Zuerst die Silberhaut vom Hirschrücken mit einem Messer entfernen. Das Fleisch mit einem Küchenkrepp trockentupfen. In einer Pfanne etwas Öl und Butter erhitzen, Thymian, Rosmarin, Knoblauch, Lorbeer, Pfefferkörner und Nelke zugeben. Danach den Hirschrücken von allen Seiten anbraten, mit Salz und Pfeffer würzen, aus der Pfanne nehmen und auf ein Gitter mit Backblech setzen. Das Fleisch sollte das darunterliegende Backblech nicht berühren. Im vorgeheizten Ofen bei 120 °C auf ca. 60 °C Kerntemperatur garen.

Die Karotte und Zwiebel schälen und mit dem Bleichsellerie würfeln. In einem Topf etwas Öl erhitzen und das Gemüse mit dem Bauchspeck darin anrösten. Das Tomatenmark zugeben, kurz mitrösten lassen und mit dem Rotwein ablöschen. Den Rotwein auf 1/3 einreduzieren, dann mit Wildfond aufgießen und alle Gewürze und Kräuter vom Anbraten aus der Pfanne zugeben. Jetzt 45 Min. leicht köcheln lassen, dann durch ein Sieb gießen, mit etwas Maisstärke abbinden, salzen und pfeffern.

Zum Schluss die kalte Butter und die Zartbitterkuvertüre mit einem Pürierstab untermixen. Vom Rosenkohl die äußeren, welken Blätter entfernen dann waschen und die Strünke kreuzweise einschneiden. Den geputzten Rosenkohl in einen Topf geben, knapp mit

Gnocchi

1,2 kg	Kartoffeln mehlig kochend
etwas	Salz
3-5 EL	Speisestärke
3	Eigelbe
etwas	Muskatnuss ger.

Mehl für die Arbeitsfläche

Wasser bedecken und ca. 1 Teelöffel Salz einstreuen, aufkochen lassen und zugedeckt bei mittlerer Hitze 15-18 Minuten köcheln. Den Rosenkohl in einem Sieb abtropfen lassen. Dann in einer Pfanne die Butter erhitzen, den Rosenkohl und die Schalottenwürfel dazugeben, mit Salz, Pfeffer, Muskat und einer Prise Zucker würzen. Die geschälten Kartoffeln in kochendem Salzwasser ca. 20 Min. garen. Die Kartoffeln heiß durch eine Presse in eine Schüssel drücken. Mit Stärke und Eigelben schnell zu einer glatten Masse vermengen und mit Salz und Muskat würzen.

Aus der Kartoffelmasse auf einer mit Mehl ausgestreuten Arbeitsfläche drei ca. fingerdicke Rollen formen und diese mit einem Messer in zwei bis zweieinhalb cm lange Stücke schneiden. Jedes Stück mit den Zinken einer Gabel flacher drücken.

Die Gnocchi in siedendem Salzwasser ca. fünf Minuten garen. Wenn die Gnocchi an der Oberfläche schwimmen, herausnehmen und in einer Pfanne in heißer Butter kurz anbraten.

Kalbstafelspitz

mit Bouillon Kartoffeln und Meerrettichsauce

Ein Rezept von Norbert Wehnert, Parkhotel Residence

160 Minuten

Schwierigkeitsgrad

700 g	Kalbstafelspitz am Stück
100 g	Möhren
100 g	Sellerie
1	Zwiebel
1	Tomate
etwas	Salz
800 g	Kartoffeln festk.
1 EL	Butter

Für die Meerrettichsauce

100 ml	Brühe
20 g	Butter
etwas	Sahne
etwas	Salz, Pfeffer

Zum Ausgarnieren

gelbe Karotte
Zucchini
Kirschtomaten
frischer Meerrettich

Etwas Öl in einer Pfanne erhitzen und das Kalbfleisch darin anbraten. Kalbfleisch in einen großen Topf geben. Alle Zutaten für den Tafelspitz (außer die Kartoffeln) zufügen und mit kaltem Wasser angießen, so dass sie vollständig bedeckt sind. Das Ganze einmal aufkochen lassen. Anschließend die Kochstellenleistung herunter schalten, so dass die Brühe nur leicht köchelt. Die Kartoffeln schälen und in drei mal drei cm große Würfel schneiden. Nach 50 Minuten die Kartoffelwürfel zur Brühe geben.

Den Backofen auf 80°C Ober-/Unterhitze vorheizen. Den Tafelspitz nach etwa eineinhalb Stunden Kochzeit aus der Brühe nehmen und etwa 10 Minuten im Backofen bei 80°C ruhen lassen. In der Zwischenzeit das Gemüse, bis auf die Kartoffeln, aus der Brühe nehmen und ein Esslöffel Butter unter die Brühe rühren.

Für die Meerrettichsauce den Meerrettich, die Brühe und die Butter in einen Topf geben. Das Ganze dann zum Kochen bringen. Anschließend mit Sahne auffüllen und mit Salz und Pfeffer abschmecken.

Tafelspitz dünn entgegen der Fasern aufschneiden. Fleischscheiben mit Kartoffeln und Sauce auf einem warmen Teller anrichten und mit den gegarten gelben Karotten, Zucchini und Kirschtomaten ausgarnieren.

Chefkoch Norbert Wehnert,
Parkhotel Residence

Geschmorter Lammnacken

mit Bergkräuterkruste auf cremiger Polenta

Ein Rezept von Dirk Kirschner, Kneipp- & Gesundheitsresort Kneippianum****

180 Minuten

Schwierigkeitsgrad

Geschmorter Lammnacken

800 g	Lammnacken küchenfertig
100 g	Mirepoix
2 EL	Tomatenmark
2 EL	brauner Zucker
etwas	Wasser, Olivenöl, Lamm Klassik Gewürzsalz, Rotwein-Balsam-Essig, dunkle Bratensauce, Bergkräuter/Blütenmischung

Bergkräuter-Kruste

100 g	Butter
2	Eigelbe
40 g	Weißbrot
20 g	Petersilie, frisch
etwas	Bergkräuter/Blütenmischung
etwas	Ursalz pur fein, unjodiert

Polenta

80 g	Maisgrieß/Polenta
20 ml	Sahne
20 g	Bergkäse ger.
500 ml	Gemüsebrühe

etwas Olivenöl, Bergkräuter

Den Lammnacken kräftig mit dem Gewürzsalz einreiben und mit dem Röstgemüse in Olivenöl anbraten.

Das Tomatenmark dazugeben und mit Rotwein-Balsam-Essig ablöschen. Anschließend mit Wasser auffüllen und zum Schluss mit der Bratensauce und den Bergkräutern abschmecken.

Das Lamm darin bei niedriger Temperatur (120 Grad Hitze) weich schmoren. Zuerst die Butter mit den Eigelben schaumig rühren. Dann das Weißbrot zusammen mit den Bergkräutern sowie Petersilie fein hacken und mit der Butter vermengen. Mit Ursalz und Pfeffer abschmecken.

Danach die Masse zur Rolle formen und in den Kühlschrank stellen. Wenn die Masse kalt genug ist, in Scheiben schneiden, den Lammnacken damit bedecken und gratinieren.

Tipp
von Chefkoch
Dirk Kirschner

Verwenden Sie Lammfleisch von heimischer Zucht.

Rübengemüse

400 g	Karotten (rot, gelb & lila)
etwas	Gemüsebrühe, Distelöl
etwas	Ursalz pur fein, unjodiert

Garnitur

Bergkräuter frisch

Die Polenta in Olivenöl leicht anrösten, dann mit der heißen Gemüsebrühe aufgießen und unter ständigem Rühren weich garen. Zum Schluss mit Sahne, geriebenem Bergkäse und Bergkräutern verfeinern.

Zuerst die Rüben waschen, schälen und in Scheiben schneiden. Anschließend die Karotten einzeln weich kochen, mit Gemüsebrühe und etwas Ursalz sowie Distel-Öl abschmecken.

Bergkäsekrapfen
mit Schnittlauchsauce

Ein Rezept von Frank Koch, Kneipp- & Wellvitalhotel Edelweiss

60 Minuten

Schwierigkeitsgrad

Brandteig

170 ml	Wasser
70 g	Butter
170 g	gesiebtes Mehl
4	Eier
etwas	Salz, Muskat, Cayennepfeffer

Käsemasse

170 g	reifen Bergkäse
70 g	Parmesan
1 kl. Stg.	Lauch
100 g	Zwiebel
2	Knoblauchzehen
etwas	gehackte Petersilie

Schnittlauchsauce

2 EL	Öl
150 g	Zwiebeln
4 dl	Hühnerbrühe
1 dl	Weißwein
4 dl	Sahne
50 g	Butter
etwas	Salz, Cayennepfeffer

Saft und Schale einer halben Zitrone

Schnittlauch fein geschnitten

Das Wasser, Butter, Salz im Topf aufkochen, Mehl auf einmal beigeben und mit dem Kochlöffel den Teig „abbrennen". Die Masse in eine Rührschüssel geben und kalt rühren.

Danach die Eier einzeln dazu geben. Lauch und Zwiebeln in kleine Würfel mit dem klein geschnittenen Knoblauch in Öl anschwitzen. Bergkäse in kleine Würfel schneiden, Parmesan reiben und die Petersilie hacken. Wenn der Brandteig und die Masse ausgekühlt sind, zusammen mischen.

Aus der Masse Nocken formen und in Fett bei 160°C goldgelb backen.

Die Zwiebeln würfeln und in Öl farblos anschwitzen, mit Weißwein ablöschen und mit Hühnerbrühe auffüllen. Bis zur Hälfte einkochen. Sahne beigeben und nochmal bis zur Hälfte einkochen. Dann mit Zitronenschale, -saft, Salz, Cayennepfeffer und Muskat würzen. Das Ganze mit der Butter mixen, abpassieren, abschmecken und zum Schluss den Schnittlauch hinzugeben.

Die Bergkäsekrapfen mit frischen Salaten garnieren und genießen.

Kabeljau

mit Granny Smith-Kruste auf Vanillerisotto

Ein Rezept von Dirk Kirschner, Kneipp- & Gesundheitsresort Sebastianeum****

60 Minuten

Schwierigkeitsgrad

Granny Smith-Kurste

400 g	Spinat, frisch
2	Äpfel
1	Zitrone
20 g	Butter
20 g	brauner Zucker
4	Eigelbe
etwas	Ursalz pur fein, unjodiert

Kabeljau

400 g	Kabeljaufilets küchenfertig
40 ml	Olivenöl
etwas	Salz

Vanille-Risotto

40 g	Butter
20 g	Schalotten gew.
120 g	Risottoreis
100 ml	Weißwein
30 g	Parmesan gerieben
40 ml	Olivenöl
400 ml	Gemüsefond
etwas	Ursalz pur fein, jodiert, Vanille

Zuerst den Spinat mit etwas Wasser pürieren und auspressen. Dann den Saft über Wasserdampf erhitzen bis sich das Chlorophyll oben absetzt. Anschließend das Chlorophyll durch ein Sieb auffangen und kalt stellen. Jetzt die Äpfel reiben und mit Zitronensaft beträufeln. Danach die Butter schaumig rühren und mit den Eigelben, braunem Zucker, Äpfeln und dem Chlorophyll verrühren. Die Masse in einen verschließbaren Gefrierbeutel geben, flach ausrollen und dann kalt stellen.

Den Kabeljau würzen und in Olivenöl anbraten. Dann mit der Granny Smith-Kruste belegen und im Ofen bei Oberhitze 180 °C gar ziehen lassen.

Zuerst die Schalottenwürfel in Butter anschwitzen, den Risottoreis dazu geben, kurz mit anschwitzen und mit Gemüsefond ablöschen. Dann unter ständigem Rühren den Weißwein aufgießen und kochen lassen, bis der Reis noch leicht Biss hat. Zum Schluss Parmesan unterheben und mit Salz und Vanille abschmecken.

Die Rote Bete Würfel mit Rosmarin, Salz sowie braunem Zucker in einem Topf weich kochen und dann mit dem Stabmixer fein pürieren. Mit der Stärke etwas abbinden, dann mit Zitronensaft abschmecken.

Rote Bete Mousse

200 ml	Wasser
160 g	Rote Bete geschält in Würfel geschn.
etwas	brauner Zucker
1	Zitrone/Saft
etwas	Stärke zum Binden
etwas	Rosmarin gefriergetrocknet
etwas	Ursalz pur fein, unjodiert

Ich bin mit Kartoffeln
und mit Brot aufgefüttert
worden und war schon
mit 18 Jahren ein Mordskerl.

Pfarrer Sebastian Kneipp

Nachspeisen

Bratapfel
mit Vanillesauce

Ein Rezept von Bernhard Auer, Kneipp-Kurhotel Marienbad

45 Minuten

Schwierigkeitsgrad

4	Boskop Äpfel

Füllung

45 g	geraspelte Mandeln
45 g	gehackte Haselnüsse
35 g	Sultaninen
3 EL	Sahne
30 g	Honig
1 TL	Zimt
etwas	Vanillepulver

Sauce

500 ml	Milch
1 EL	Zucker
1 Pck.	Vanillesaucenpulver

Die Äpfel waschen und das Kerngehäuse entfernen.

Die Zutaten für die Füllung miteinander vermengen und in die Äpfel füllen.

Anschließend die Äpfel in eine feuerfeste Form setzen und 1/8 Liter Wasser angießen.

Zwischenzeitlich die Vanillesauce nach Packungsanleitung zubereiten und abkühlen lassen.

Die Äpfel aus dem Ofen nehmen und heiß mit der Vanillesauce servieren.

Chefkoch Bernhard Auer, Kneipp-Kurhotel Marienbad

Maronenkuchen

Ein Rezept von Franz-Peter Schmid, Kurhotel Roswitha

20 Minuten

Schwierigkeitsgrad

500 g	Maronen geschält
200 g	weiche Butter
150 g	Zucker
5	Eier
150 g	Mehl
1 Pck.	Backpulver
1 TL	Zimt

Die Maronen fein hacken. Die Butter und den Zucker schaumig rühren. Nun die Eier einzeln unterrühren. Mehl, Maronen, Backpulver und Zimt unterrühren.

Eine Springform fetten und den Boden mit Backpapier auslegen. Den Teig in eine 26 cm Springform füllen und im vorgeheizten Backofen auf Heißluft 180 Grad 60 Minuten backen.

Tipp
von Chefkoch
Franz-Peter Schmid

Nach circa der Hälfte der Backzeit lege ich ein Blatt Backpapier locker auf den Kuchen, damit er nicht zu dunkel wird. So ist er außen schön knusprig und innen super locker.

Christstollenparfait

mit Orangen-Granatapfelragout

Ein Rezept von Martin Plaumann, Hotel Sonnengarten

50 Minuten

Schwierigkeitsgrad

Parfait

7	Eigelb
75 g	Zucker
1	Vanilleschote
500 ml	Sahne
50 g	Orangeat
50 g	Citronat
20 g	Mandelplättchen geröstet
20	Pistazienkerne
20 g	Rumrosinen
etwas	Stollengewürz
etwas	Kakao

Orangen-Granatapfelragout

4	Orangen
1	Granatapfel
60 g	Zucker
200 ml	Orangensaft
2 cl	Grand Marnier
1	Zimtstange
etwas	Stärke

Eigelb und Zucker mit dem Mark der Vanilleschote im heißen Wasserbad aufschlagen und anschließend kalt rühren. Die geschlagene Sahne unterheben.

Dann Orangeat, Citronat, Mandeln, Pistazien sowie die Rumrosinen unterrühren und mit dem Stollengewürz abschmecken.

Die Parfaitmasse in eine Stollenform gießen und über Nacht gefrieren lassen.

Für das Ragout den Zucker in einer Pfanne karamellisieren und mit dem Orangensaft ablöschen. Die Zimtstange dazugeben und auf die Hälfte einkochen lassen.

Mit der Stärke leicht abbinden und den Grand Marnier hinzufügen.

Aus dem Granatapfel die Kerne herauslösen und die Orangen filetieren. Die Kerne und die Filets in die Orangensauce geben.

Das Parfait aus der Form nehmen und ganz leicht mit etwas Kakao überziehen. Zusammen mit dem Ragout auf Tellern anrichten.

Lebkuchen Crème Brûlée

mit Holunderbirne

Ein Rezept von Marcus Müller, Kneippkurhaus St. Josef

90 Minuten

Schwierigkeitsgrad

Lebkuchen Crème Brûlée

500 ml	Sahne
6	Eigelb
150 g	Zucker
etwas	Vanillearoma
	Lebkuchengewürz
	Zimt gemahlen
	brauner Zucker

Holunderbirne

1	Williamsbirne
250 ml	Holundersaft
0,5	Sternanis
1	kl. Stange Zimt
2 EL	Honig
etwas	Orangenabrieb

Eigelb in eine Schüssel geben und mit Sahne aufgießen. Zucker, Vanillearoma, Lebkuchengewürz und gemahlenen Zimt dazugeben. Alle Zutaten mit dem Schneebesen über dem heißen Wasserbad verrühren, bis sich der Zucker aufgelöst hat.

Masse in – wenn möglich – flache Förmchen abfüllen. Förmchen auf ein Backblech stellen und das Backblech mit Wasser auffüllen (Wasserbad), im Ofen bei 135 °C ca. 30-40 Minuten pochieren. Anschließend die Förmchen auf dem Blech erkalten lassen (im Wasserbad).

Crème mit braunem Zucker bestreuen und abflämmen damit der Zucker karamellisiert. Birne waschen, schälen, vierteln, entkernen und der Länge nach in feine Schnitze schneiden.

Holundersaft in einem Topf mit Sternanis, Zimtstange und Honig erhitzen und die Birnenschnitze darin al dente (bissfest) kochen.

Marcus Müller,
Kneippkurhaus St. Josef

Süße Zwetschgen-Lasagne

Ein Rezept von Karl Cebulj, Kneipp-Vital-Hotel Cebulj

100 Minuten

Schwierigkeitsgrad

1 Pck.	Vanillepudding
3 EL	Zucker
500 ml	Milch
350 g	Speisequark
1 Prs.	Nelken gem.
½	Zitrone unbeh.
3	Eier
600 g	Zwetschgen
	Lasagneblätter
etwas	Butter
	Mandelblättchen
	Puderzucker zum Bestreuen

Den Vanillepudding nach Anleitung kochen und abkühlen lassen. Die Zwetschgen entkernen.

Die Schale der halben Zitrone abreiben und den Saft auspressen.

Den Quark mit dem Nelkenpulver, abgeriebener Zitronenschale, Zitronensaft und dem noch zimmerwarmen Pudding verrühren. Evtl. noch etwas Zucker dazugeben.

Anschließend die Eier einzeln unter die Masse rühren.

Eine Auflaufform fetten und dünn mit der Quark-Puddingcreme bedecken, danach je eine Schicht Nudelplatten, Zwetschgen und Quarkcreme darüber schichten.

Genauso fortfahren bis alle Zutaten aufgebraucht sind. Mit einer Quarkschicht abschließen. Ein paar Butterflocken auf den Auflauf geben und mit den Mandelblättchen bestreuen.

Ofen auf Umluft 200 Grad vorheizen und den Auflauf etwa eine Stunde garen.

Vor dem Servieren Puderzucker auf den Auflauf geben.

Weiße Mohnmousse

mit süßen Streuseln und Trockenfrüchten

Ein Rezept von Tobias Küblbeck, La Stazione

45 Minuten

Schwierigkeitsgrad

Mousse

50 g	Mohnsamen
200 g	weiße Kuvertüre
1	Ei
1	Eigelb
2,5	Blatt Gelatine
1 cl	Kirschschnaps
50 ml	Sahne geschlagen

Streusel

75 g	Mehl
25 g	Mandeln gem.
40 g	Zucker
50 g	Butter
etwas	Zimt, Zitrone

Trockenfrüchte

z. B.	Aprikosen, Kirschen, Feigen, Zwetschgen
etwas	Minze, Nüsse

Schokolade zum Garnieren

Für die Streusel alle Zutaten in eine Schüssel geben und mit dem Handmixgerät (Knethaken) vermengen bis daraus Streusel entstehen. Die fertigen Streusel auf ein Backblech geben und im Ofen bei 160 Grad 12 bis 15 Min. goldbraun backen, anschließend herausnehmen und abkühlen lassen.

Für die Mousse die Gelatine in etwas Wasser einweichen. Die weiße Kuvertüre hacken und im heißen Wasserbad schmelzen lassen. Den Mohn in einer Pfanne ohne Fett rösten und abkühlen lassen. Das Ei sowie Eigelb und einem Esslöffel Wasser mit einem Schneebesen in einem runden Schlagkessel im heißen Wasserbad eine Minute aufschlagen. Die Gelatine ausdrücken und darin auflösen. Die Eimasse mit Kuvertüre und Mohn gründlich verrühren, etwas abkühlen lassen und mit dem Kirschschnaps abschmecken.
Die Sahne steif schlagen und unter die Mohnmasse heben. In vier Förmchen füllen, abdecken und sechs Stunden kalt stellen, am besten über Nacht.

Die Trockenfrüchte in kleine Streifen oder kleine Stücke schneiden. Die Mousse aus dem Kühlschrank nehmen mit den süßen Streuseln bestreuen. Die Trockenfrüchte darauf verteilen und mit Minze und Schokolade ausgarnieren.

Soufflé

von Birne, Walnuss und Thymian

Ein Rezept von Marco Angelini, Hotel Förch

60 Minuten

Schwierigkeitsgrad

Soufflé

650 g	Birnen (Abate Fetel)
50 g	Zucker
0,5	Zimstange

Schale und Saft
von einer unbeh. Zitrone

1 dl	Weißwein trocken
30 g	Butter
2 EL	Mehl
2 cl	Birnenschnaps
50 g	Walnüsse geh.
2	Zweige Thymian gehackt
etwas	Salz, Butter, Semmelbrösel, Puderzucker

Mangomatte & Mangogel

500 ml	Mangopüree
2,5 g	Agar Agar
2,5 g	Gellan
1	Spritzer Zitronensaft

Die Birnen schälen, halbieren, Kerngehäuse entfernen und in 0,5 cm große Würfel schneiden. Mit Weißwein, Zimt, der Hälfte des Zuckers, Zitronensaft und -zesten in einen Topf geben und ca. fünf Minuten zugedeckt leicht köcheln lassen. Anschließend auskühlen lassen.

4 Souffléformen mit Butter einfetten und mit den Semmelbröseln ausstreuen. Ein Drittel der Birnen pürieren (Zimtstange vorher entfernen) und den Rest beiseite stellen.
Die Butter in einem Topf erhitzen, Thymian hinzufügen, das Mehl mit einem Schneebesen einrühren bis sich eine weiße Schicht auf dem Topfboden bildet. Vom Herd nehmen und abkühlen lassen.

Dann die Eier trennen. Eigelbe, Schnaps, Birnenpüree, Birnenwürfel, gehackte Walnüsse und eine Prise Salz nach und nach unter den Teig rühren. Die Eiweiße mit dem restlichen Zucker steif schlagen. Ein Drittel des Eischnees unter die Soufflémasse rühren und den Rest vorsichtig unterheben.

Die Masse in die Formen geben, dass diese zu ¾ gefüllt sind, glatt streichen und im vorgeheizten Ofen bei 180°C ca. 25-30 Min. goldbraun backen. Mit Puderzucker bestäuben.

Mangopüree mit einem Spritzer Zitronensaft in einem Topf leicht erwärmen, Agar Agar und Gellan im Trockenzustand vermischen, unter schnellem Rühren mit einem Schneebesen klümpchenfrei einrühren.

Jetzt drei Minuten unter ständigem Rühren köcheln lassen. Das Püree circa ein cm hoch in eine eckige Form gießen und im Kühlschrank erkalten lassen.

Im kalten Zustand können nun beliebige Formen zur Dekoration ausgestochen werden. Den Rest des gelierten Mangopürres in einer Küchenmaschine auf höchster Stufe aufmixen und in eine Spritzflasche füllen, um danach das Dessert zu garnieren.

Chefkoch Marco Angelini, Hotel Förch

Mohn-Marzipanparfait
auf Zwetschgenröster

Ein Rezept von Norbert Wehnert, Parkhotel Residence

45 Minuten   Schwierigkeitsgrad

200 g	Marzipan
60 g	Mohn
3	Eier
4 EL	Zucker
400 g	Schlagsahne
1 Pck.	Vanillezucker
2 EL	Amaretto
800 g	reife Zwetschgen
2 cl	Rum
100 ml	Rotwein
100 ml	Apfelsaft
1	Zimstange
etwas	Zitronensaft
40 g	Zucker

Das Marzipan mit dem Amaretto pürieren. Die Eier trennen. Eigelb mit drei gehäuften Esslöffel Zucker und Vanillezucker cremig hellgelb aufschlagen. Den Marzipanbrei zufügen und gut durchrühren. Das Eiweiß mit einem gehäuften Esslöffel Zucker steif schlagen. Sahne steif schlagen. Eiweiß und Sahne unter die Eigelb - Marzipanmasse heben.

Eine Form mit einer Frischhaltefolie auslegen, dann die Masse einfüllen und mindestens 6 Stunden ins Gefrierfach stellen.

Zwetschgenröster:
Eine höhere Pfanne erhitzen und dann den Kristallzucker einstreuen und karamellisieren. Mit Wein und Apfelsaft sofort ablöschen.

Die gereinigten entsteinen Zwetschgen und den Zimt dazugeben und in wenigen Minuten offen weich dunsten/rösten. Es soll eine dickliche Masse werden. Mit Zitronensaft und Rum abschmecken und erkalten lassen.

Danach auf dem Teller den Zwetschgenröster mittig anrichten dann mit einem Eisportionierer 2 Kugeln von dem Mohn-Marzipanparfait auf dem Zwetschgenröster platzieren.

Dann mit einem Tupfer die geschlagene Sahne, die Schokolade und das Obst nach belieben ausgarnieren.

Glaubt mir: Der Herrgott hat in seinen Naturgesetzen gut gesorgt - wenn der Mensch nur danach lebt.

Pfarrer Sebastian Kneipp

Millefeuille

von Ricotta und Beeren

Ein Rezept von Dirk Kirschner, Kneipp- & Gesundheitsresort Kneippianum****

40 Minuten

Schwierigkeitsgrad

Millefeuille

80 g	Strudelteigblätter
etwas	Butter, flüssig
2	Eier
	Pistazien geschält klein hacken
	Dessert-Streuzucker

Ricotta

320 g	Ricotta
60 g	Puderzucker
40 g	Himbeeren
40 g	Heidelbeeren
40 g	Johannisbeeren
etwas	Zimt, Kardamon

Zu Beginn eine Hälfte des Strudelblätterteiges mit flüssiger Butter bestreichen und zusammenklappen. Danach mit dem Ei bestreichen und die gehackten Pistazien darübergeben.

Nun im Ofen bei 180 °C kurz knusprig backen. Zum Schluss in gleichmäßige Teile brechen und mit Dessert- Streuzucker bestreuen.

Zuerst Ricotta, Puderzucker und Gewürze glatt rühren und in den Kühlschrank stellen.

Danach die Creme auf die Millefeuille abwechselnd platzieren, beginnend mit dem Millefeuille. Zuletzt mit frischen Beeren garnieren.

Tipp
von Chefkoch Dirk Kirschner

Verfeinern Sie die Ricotta mit etwas Bratapfellikör

Himbeer-Wörisamisu

Ein Rezept von Frank Koch, Kneipp- & Wellvitalhotel Edelweiss

40 Minuten

Schwierigkeitsgrad

ca. 40 g	Löffelbiskuit
150 g	Himbeeren gefroren für Sauce
200 g	Himbeeren gefroren für Ragout
200 g	Zucker
1 dl	Himbeergeist
170 g	Mascarpone
70 g	Puderzucker
35 g	Eigelb
1	Blatt Gelatine
1 dl	Amaretto
70 g	geschlagene Sahne
etwas	Kakaopulver

Den Löffelbiskuit in Würfel schneiden und in Gläser abfüllen.

Himbeerragout:
Gefrorene Himbeeren, Himbeergeist und Zucker aufkochen, mixen, und bis auf die restlichen ganzen Himbeeren durch einen Sieb passieren. Das Ragout mit einem Löffel über die Biskuits verteilen.

Mascarponecreme:
Das Eigelb, den Puderzucker und die Mascarpone cremig rühren. 2 Blatt Gelatine in kaltem Wasser einweichen, ausdrücken und in 1 dl Amaretto auflösen. Sahne schlagen, 2 Löffel Mascarpone mit Gelatine-Amaretto vermischen und unter die geschlagene Sahne heben und das ganze mit dem restlichen Mascarpone vermengen.

Die Masse auf die Gläser verteilen und im Kühlschrank fest werden lassen.

Mit Kakaopulver bestreuen, eventuell mit Früchten garnieren und servieren.

Kokos Panna Cotta

mit Gewürz-Ananas

Ein Rezept von Dirk Kirschner, Kneipp- & Gesundheitsresort Sebastianeum****

120 Minuten

Schwierigkeitsgrad

Kokos Panna Cotta

520 ml	Kokosmilch
40 g	Zucker
30 g	Gelatine
etwas	Vanillezucker

Gewürz-Ananas

60 ml	Wasser
60 g	Zucker
320 g	Ananas in Würfel geschn.
etwas	Ingwer gemahlen Sternanis ganz

Etwas Kokosmilch erhitzen, Gelatine zugeben und vollständig auflösen. Den Zucker zugeben und die übrige Kokosmilch unterrühren. Danach mit Vanillezucker abschmecken, in Gläser füllen und für ca. zwei Stunden kaltstellen.

Wasser und Zucker in einen Topf geben und aufkochen lassen. Etwa 15 Minuten köcheln lassen, bis es eine sirupartige Konsistenz hat. Anschließend die Gewürze dazugeben und aufkochen. Vom Herd nehmen und etwas abkühlen lassen. Zum Schluss die Ananaswürfel dazugeben und vermengen.

Die Gewürz-Ananas auf die Kokos-Panna Cotta geben.

Mit zwei Mitteln - Wasser und Heilpflanzen - wird man verbessern können, was an der Gesundheit des Menschen verdorben wurde.

Pfarrer Sebastian Kneipp

Marmorierte Heumilch-Sahne Karamellen

Ein Rezept vom Schwermer Pralinenmeister Andreas John

45 Minuten

Schwierigkeitsgrad

300 g	Zucker
225 g	Heumilch-Sahne oder normale Sahne
20 g	Glukose
17 g	Honig
10 g	Puderzucker
10 g	Kakaopulver

Den Zucker mit Sahne, Glukose und Honig in einem Topf unter ständigem Rühren auf 117°C erhitzen.

Anschließend die Masse auf eine leicht mit Wasser benetzte Marmorplatte oder Arbeitsfläche geben.

Leicht abkühlen lassen, mit dem Puderzucker bestäuben und mehrmals übereinander falten und wieder auseinander ziehen, bis die Masse matt und bröselig wird.

Dann die Masse halbieren und beide Hälften von Hand durchkneten. Dabei in eine Hälfte das Kakaopulver einarbeiten.

Nun beide Massen ineinander verkneten, so dass ein Marmormuster entsteht. Die Masse auf Backpapier circa ein cm dick ausrollen.

Nach dem Erkalten in circa zwei mal zwei cm große Stücke schneiden.

Tipp

vom Schwermer Pralinenmeister Andreas John

Am besten schmecken die Karamellen, wenn wie bei den Schwermer-Pralinen die Allgäuer Heumilch-Sahne verwendet wird.

Freuen Sie sich auf Band III:

Rezepte für den Frühling